AF315922

LES LARMES

DE LA MARQVISE

d'Ancre, sur la mort de son mary.

Auec les regrets de sa naissance, & detestation de ses crimes & forfaicts.

Et aussi les Stances, sur les deportemens du Roy, tant en la mort du Marquis d'Ancre, qu'apres l'effect de sa loüable resolution sur ce sujet.

A LYON,

Iouxte la coppie imprimee à Paris, chez Estienne Perrin.

M. DC. XVII.

Auec permission.

LES LARMES DE LA
Marquise d'Ancre, sur la
mort de son mary.

HElas! pauure Florentine,
pauure perduë; où est
mon estre? où repose mon
iugement? où sont mes
sens, & les esprits les plus subtils
dont la nature a semblé de m'ho-
norer? où sont dis-ie ces cauteleuses
inuentions, qui sembloient si bien
charmer l'esprit de celle qui deuoit
seruir d'Aurore dans le Firmament
de cet Estat? Helas! s'en est faict,
mes prodiges sont estouffez, les
monstres de mes imaginations sont

A ij

au tombeau ; bien qu'il ne me reste
plus qu'vn espoir, que le ciel & la
terre detestent, au desauantage de
mes intentions.

Conchine mon cher espoux, &
trop cher pour l'honneur & le pro-
fit de ma vie, c'est toy qui sert de
modelle à mon malheur ; ouy c'est
toy, ie le puis dire, puis qu'estant
conuaincuë par les moyens qui te
faisoient reluire, ie suis contrainte
de m'accuser deuant vn chacun :
Aussi ce seroit renuerser & peruer-
tir la nature des choses, les redui-
re mesmes dans son premier cahos,
si librement ie ne confessois ce que
l'on peut me representer au vray,
ma resolution m'y porte du tout,
& pour le ressouuenir de toutes mes
felicitez passees, rien ne me doit

rester

ester que les larmes, attendant
non supplice merité.

Qu'il vienne quand les Dieux
utelaires de l'Estat l'auront or-
lonné, pour moy franchement ie
e souhaitte, & n'espere d'autre
nercy que les sagettes d'vn iuste
courroux.

Conchine encore vn coup ie te
reclame, ne te pouuant effacer de
na memoire, mes cris ne s'addres-
ent qu'à toy, non plus qu'à faict
autres-fois l'inutille vtilité de mes
charmes ; à toy voire ie m'addresse,
car ie suis certaine d'aller bien tost
au deuant de toy, pour discourir à
l'ayse comment nous sommes les
autheurs de nos punitions. Pour le
present il me suffit de souspirer, &
de faire les terreurs de mes larmes,

A iij

& combien que ie confidere iou
& nuict la naiffance de tant d
defaftres que nous auons enfantez
fi eft-ce que ie ne puis venger moy
mefme telle trahifon, les moyen
m'en eftans oftez par vne iufte au
thorité.

Si ton efprit eftoit heureux, ti
pourrois en auoir la parfaicte co
gnoiffance, mais n'eftant que par
my les tenebres, tu ne puis voir qu
ton mal-heur, & non celuy de tor
ambition, a caufé autant pour moi
que ma propre ignorance. Il n'y :
remede, la pierre eft iettée, il fau
que ie ferue d'exemple à la teme
rité, & que mourant, ie laiffe le
marques de mon aueuglement
C'eft vne chofe neceffaire, car d
furuiure, ce feroit faire tort à la
mif

miſericorde, qui ne doit permettre
d'allonger dauantage ma vie.

Puis qu'ainſi eſt, & que la iuſtice
diuine & humaine ne peut plus permettre l'impunité de mes crimes,
que mes charmes & ſortileges ne
peuuent plus rien en ce monde, il
faut que ie m'expoſe entre les
mains de ceux qui me doiuent faire
paſſer la barque, & que rendant
les eſprits, ie demande pardon à celuy qui me pouuoit conſeruer en vn
repos perpetuel.

C'eſt à vous grand Roy, fils legi-
time du plus grand Roy qui iamais
ayt eſté, à qui ie dois requerir le
pardon de tant de perfidies, & non
pourtant pour me couurir d'vne
innocence, mais pour vous exciter
à quelque compaſſion, de ce qu'vne

crea

creature comme moy, s'eſt laiſſe
tant deceuoir par des illuſions in
fernalles : Ie le requiers grand Prin
ce, Image viue de la Clemence, &
vous ſupplie d'auoir quelque eſgar
à ma requeſte, puis qu'à haute voix
ie decelle mon crime : Vous le pouuez, aucun ne vous en peut empeſcher, voſtre Sceptre & voſtre vo-
lonté iouyſſent de leur entiere li-
berté, de ſorte que ce vous ſera vne
grande gloire de regretter la perte
de ceux qui procuroient la voſtre
tous les iours : Vous auez faict vn
coup de voſtre authorité, & de voſtre Iuſtice, auſsi vous en pouuez
faire vn autre qui regarde voſtre
debonnaireté, de vous y exciter ie
n'oſerois, il me ſuffira d'en auoir la
croyance, vous ayant touſiours re-

cogneu

gneu doüé des plus rares perfe-
ions necessaires à vn Prince sou-
erain tel que vous estes.

Pareille est maintenant l'occu-
ation de la Marquise, & l'espoir
ui doit agiter son espoir, n'est au-
e que souffrir vn nombre infini
e tortures : la seule detention de sa
ersonne, au lieu où elle auoit con-
eillé d'y reclure l'vn des plus pro-
hes du sang Royal, lui en dicte
ellement la future verité, qu'elle
e passe minute sans maudire sa
aissance, & ceux mesme qui l'ont
engendree : Que si on lui apporte
dequoi soustenir sa vie, aussi tost
a rage la possede, & semble il que
es demons en soient desia iouys-
ants. Ces accessoires estans passees,
elle entre en elle-mesme, & regarde

ſi elle ne peut trouuer aucune cho
ſe qui la puiſſe faire mourir, redou
tant auec vne crainte deraiſonnée
les ſupplices qui lui ſont aſſeurez.

Voila comment ſes triomphe
ſont changez en doleances & deſeſ
poir, c'eſt de la ſorte qu'elle para-
cheue la miſere de ſes iours, trou-
uant neantmoins telle punition,
n'egaller en façon quelconque l'é-
normité de toutes ſes fautes : Auſſi
eſt il certain que les plus deſeſperez
perſonnages apres l'accez de leur
maladie, conſiderent auec autant
de iugement ce qu'ils ont commis,
comme s'ils n'eſtoient aſſaillis
d'aucune affliction.

A LA

LA MEMOIRE DE LA
MARQVISE, ET DV
Marquis.

'On parle d'vne Marquiſe
Et du Coyon Florentin,
Qui eut pour ſon entrepriſe
Le Royaume de Pantin:

S'elle eſtoit bonne Sorciere
Ainſi que chacun croyoit,
Au lieu d'eſtre priſonniere
Maintenant elle riroit.

Mais ſa fineſſe & ſes charmes
Qui ne ſont qu'illuſions,
L'ont peu empeſcher les armes
Vengereſſes des Coyons.

Auſſi n'eſt-il pas propice
Que deux Monſtres de l'Enfer,
S'oppoſent à la Iuſtice
Tant de flames que du fer.

STANCES,

Sur les deportemens du Roy, tant en la mort du Marquis d'Ancre, qu'apres l'effect de sa loüable resolution sur ce sujet.

VIVE le Fils du grand Henry,
De ce grand Monarque aguerry,
Digne Fils d'vn si digne Pere,
Qui d'vn esprit prematuré,
Virilement s'est sceu desfaire,
Du Veau d'or, des Veaux adoré.

Qui tout soudain a ietté l'œil
Sur le plus fidele Conseil,
En le r'appellant dans son Louure
Pour dissiper soudainement,
Les mauuais desseins qu'il descouure
Par aduis & par iugement.

Qui d'vn seul coup a faict la Paix
Que ses ennemis pour iamais,
Pensoient auoir banny de France
En imposant silence à Mars,
Qui d'vne cruelle souffrance
Nous menaçoit de toutes parts.

Qui soudainement faict sçauoir
Comme il a reprins son pouuoir,
A ceux qu'vn cruel Ostracisme
Luy esloignoit comme ennemis,
Et qu'il auoit destruit le schisme
Qui dans son Regne on auoit mis.

D'amour, de grace, & de faueur,
Aussi tost il touche leur cœur,
Par cette aggreable nouuelle,
Et par vn mandement soudain
Aupres de luy il les r'appelle
Et en Pere, & en Souuerain.

A l'heure qu'on pensoit le moins
Qu'il vesquist auec de tels soins,
Il faict esclatter son tonnerre,
Approuuant tout haut les effects,
Aussi tost qu'il eut mis par terre
Cent Monstres en vn seul desfaicts.

Que la prouidence de Dieu
Est bien manifeste en ce lieu,
L'effect d'vne telle Iustice,
N'appartenoit qu'au bras du Roy,

Si vn

Si vn autre en euſt faict l'office
Semble qu'il euſt enfrainct la Loy.

Ce n'eſt pas qu'vn iuſte deuoir
N'euſt armé maint autre pouuoir
Pour vn effect ſi neceſſaire:
Mais l'imparfaicte intention
De tous ceux qui l'ont voulu faire,
Luy en reſeruoit l'action.

C'eſtoit aſſez tourné le dos,
Et feinct de trahir ſon repos,
D'vne attente trop langoureuſe,
Il deuoit neceſſairement,
Ceſte action ſi genereuſe,
A ſon cœur & ſon iugement.

Dieu qui d'vn pouuoir ſouuerain
Tiens les cœurs des Roys en ſa main:
D'vn tel proiet & de ſa ſuitte
Luy inſpira les mouuemens:
Et d'vne admirable conduitte
Preuint le defaut de ſes ans.

Heureux Conſeil peu concerté,
Heureuſement executé,

                              Auec

Auecques la mefme hardieffe,
Bien entrepris & bien fuyui,
De quelle parfaicte lieffe
N'auez vous la France rauy?

Ce n'eft pas à moy feulement
D'exprimèr ce contentement
Le grand Cor de la renommee,
Prenant pour Echo l'vniuers,
La nouuelle en eft ja femee,
Faifant par tout bruire ces vers.

V I V E le grand Fils de Henry
Louys grand Monarque aguerry,
Redoutable comme fon Pere,
De tout l'vniuers adoré,
Car chacun fous fon Regne efpere
De reuoir le fiecle doré.

F I N.